I0892200

De

Para

Mensaje

Sólo los seres sabios y
comprometidos
logran ver y desarrollar
el amor en su corazón

Alfonso Lara Castilla

autor de *La búsqueda*

Caminos de Amor

Experiencias de superación por el lazo invisible del amor

EDITORIAL DIANA
MEXICO

1a. Edición, Julio de 1995
13a. Impresión, Mayo de 2006

ISBN 968-13-2835-3

Fotografías de portada e interiores: Opus 35 Audiovisual, S.A. de C.V.

Arenal 24, Edificio Norte,
Ex Hacienda Guadalupe Chimalistac,
01050, México, D.F.
www.diana.com.mx

IMPRESO EN MÉXICO – PRINTED IN MEXICO

Alfonso Lara Castilla

Caminos de Amor

La niña de las palomas

Magia maternal

Bondad divina

La niña de las palomas

Al caminar, aquel hombre con rostro cenizo y mirar sombrío reflejaba una onda pena y un sentimiento de fracaso, de angustia y desesperación. En su mente existía una pregunta:

—¿Por qué yo? ¿Por qué tiene que tocarme a mí...?

Se consideraba un objeto sin valor, se odiaba y culpaba a sí mismo y a los demás, y balbuceaba entre dientes su eterno enojo:

—Estoy cansado de ser un "don nadie", un montón de huesos y carne que transita indolente a través de la injusticia, el dolor, la contaminación, el ruido y el asfalto.

Solitario, vacío, frustrado, con una desdicha que carcomía su corazón y laceraba su alma, caminaba sin rumbo, sin descanso... Sólo por inercia, por sentirse vivo. Sin desearlo, llegó a una olvidada plazoleta donde había varios bancos de piedra y una bella fuente de la que brotaba agua cristalina y fresca, rodeada de flores de alegres colores. El agua, al caer, hacía un agradable sonido y bañaba de rocío y de armonía el ambiente.

Como un ser sin alma, errante, con pasos vacilantes, torpes, lentos y pesados movimientos, limpió con un sucio pañuelo su rostro y sus manos; después se sentó en una de las bancas y empezó a ver sin interés lo que acontecía. Para él todo era gris, triste, negativo... amenazante.

Cerca de la fuente le sorprendió ver de pronto unas hermosas palomas rodeadas de luz que alegres revoloteaban y arrullaban para llamar a sus compañeras; una de ellas sin temor se posó en su hombro, él la espantó molesto. ¿Acaso esa paloma impertinente no sabía que él estaba negado a cualquier contacto externo? En su mundo aislado no quería saber de nadie ni de nada.

De pronto se sobresaltó, muy cerca de él se encontraba un chiquillo de rostro sonriente y tierno mirar que con inocente voz le preguntó:

—*¿Chicles?*

—*¡No quiero!* —contestó casi gritando.

—*Pero señor, son los últimos* —insistió el niño—. *¡Si me los compra podré irme a casa a llevarle la medicina a mi mamá!*

—*¡Que no me molestes...!* —y lo empujó a un lado con su fuerte brazo.

Ahí permaneció por horas consumiendo el tiempo, sentado solo, con su mente en blanco, paralizado. Escuchó un ruido y vio que se le caían dos bolsas de mandado a una ancianita de blanco cabello y encorvada espalda que con gran esfuerzo se agachaba a recoger la mercancía.

Él se levantó y de mala gana, empezó a recoger las bolsas, y sin verle la cara se las dio. La anciana, con una amplia sonrisa y voz llena de dulzura, le dijo:

—La vida siempre tiene sentido, busca tu propia respuesta, ¡¡gracias...!!

Y antes de que él pudiera reaccionar, la anciana se elevó en la punta de sus pies y le dio un cariñoso beso en la mejilla.

El hombre, desconcertado, se sentó de nuevo en su banca, dejando indolente correr el tiempo. Pero, ¿qué le pasaba? Ahora su mente no estaba en blanco, ahora recordaba el gran discurso, su último contacto con la vida;

escuchaba a sus jefes quejándose amargamente de la crisis y de los malos gobernantes, hablando de los sacrificios, de los nuevos esfuerzos y actitudes, de la visión y los conocimientos que deberían tener los trabajadores para que pudieran ser más eficientes y productivos y de la motivación para prepararse, para capacitarse. Pero él, como muchos de sus compañeros, no quiso hacerlo hasta que un día:

—*¡Como no te preparaste... tendré que despedirte!* —escuchó el fallo final como un tiro de gracia.

Él nunca quiso entender el porqué; creía que si hacía antigüedad y se entregaba día y noche sin protestar, nunca lo correrían ni lo dejarían sin trabajo.

De pronto le llamó la atención una paloma que picoteaba un pedazo de pan. Se acordó que él también tenía hambre.

Una luz misteriosa lo cegó, cerró los ojos y escuchó una dulce e ingenua voz de niña que decía:

—Levanta tu mirada al cielo y ve qué hermoso es. Él guarda muchos misterios y está lleno de mensajes. ¡Contémplalo...! ¡Mira! Sus nubes tienen mil figuras...

La niñita brincaba de gusto y con ternura continuó diciendo:

—Y cada una nos habla del amor... ¡la vida es un gran milagro, es el mejor regalo...!, y Dios nos la ha dado.

—¿Cómo sabes que es para nosotros? —dijo el hombre con tono antipático, buscando con los ojos a quien hablaba. Pudo ver detrás de la fuente a una hermosa niña de piel tostada, que lo miraba con una simpática sonrisa, abriendo mucho sus negros y brillantes ojos y dejando al viento jugar con su largo y oscuro pelo. La niña le contestó con seguridad:

—¡Porque Él nos quiere mucho...!

—El hombre, grosero, insistió:

—¡Él ni siquiera existe!

—¡¡Él sí existe!! Tenlo por seguro... ¡no tengas duda de ello...! —afirmó la niña.

El hombre, con tono sarcástico, le dijo:

—¡Tú eres una niña! ¿Qué sabes de eso...?

Ella, con su dulce carita y sus ojos llenos de luz, respondió:

—¡Yo lo sé...! ¡Y tengo fe...!

La niña se alejó para continuar dando de comer a las palomas. Después de un tiempo había llegado un mayor número de ellas. Ahora eran de muchos colores y atrevidas jugueteaban con la niña, que con una bella sonrisa las acariciaba.

El hombre, extrañado, se preguntaba:

—¿De dónde sacará tanto pan? Ya son muchas palomas. ¿De dónde vino esa niña? ¿Por qué está tan llena de alegría y ternura?

Cuando la niña terminó de alimentar a las palomas se sentó a su lado en la banca y permanecieron en silencio durante un rato.

—¿Estás sufriendo mucho? —se escuchó la vocecita de la niña—. *¿Quién ha hecho tu corazón tan duro?*

—Sí, estoy sufriendo mucho —contestó él con un susurro.

—¿Has intentado alguna vez escuchar a tu conciencia y a tu corazón...? —volvió a preguntar la niña.

—¿Tú crees en ello? —contestó intrigado.

—Claro, el despertar a tu corazón dormido —dijo con énfasis la niña—, *es abrir los ojos al mundo, es levantar la cabeza con*

valor y dignidad para enfrentar a la vida, es gozar y aprovechar el sagrado derecho de existir y ocupar un lugar en el tiempo y en el espacio.

—*Entonces dime, ¿por qué yo no lo siento así?* —contestó él de mal humor.

La niña expresó con sabiduría:

—*Será acaso tu ignorancia o tu miedo a la libertad...?*

—*¿Miedo a la libertad?* —contestó él, interrogante.

—*Cuando los seres entienden y deciden vivir una vida digna y significativa descubren que la libertad es un atributo que el Creador nos otorgó para orientarnos a la felicidad, a la vida plena y al amor...* —contestó sabiamente la niña y lo cuestionó preguntando—: *¿Por qué eludes la confrontación contigo mismo y con tu realidad? ¿Por qué te encuentras pasivo, paralizado, escondido en pensamientos perdidos y sin sentido, escudado en el pasado, en tu supuesta desgracia y en tu terrible apatía?*

Las palabras de la niña expresaban una verdad tan clara que él empezaba a comprender, a respetar, a hacer conciencia de la orientación tan errónea que lo había llevado a ese estado, a esa actitud pasiva y dependiente, sin amor y sin esperanza.

Su actitud hacia la niña cambió, por primera vez la miró a los ojos y le preguntó en un tono más relajado:

—*¿En dónde vives...?*

—*¡En cualquier parte!* —contestó tranquila.

—*¿Qué haces? ¿Con quién vives? ¿Cómo te llamas...?*

La niña respondió sonriendo:

—*Tengo una casa bella y grande* —dijo, y extendiendo los brazos y con rostro de bondad confesó—: *pero lo que más me gusta hacer, con lo que más gozo es... ¡con ayudar y dar amor! ¿Con quién vivo? Con mis hermanos: los hombres, las aves, los animalitos del bosque y... la naturaleza; ¿cómo me llamo? ¿Qué importa? ¡Lo que importa es que no me olvides...!, y recibirás amor.*

La niña se levantó y tomándolo de la mano lo invitó a caminar en la plazoleta llena de luz.

Aquella manita depositada con tanta confianza en su áspera mano, le transmitía un sentimiento de amor y de confianza.

Poco a poco fue comprendiendo su gran soledad y la imperiosa necesidad de contar con alguien, ya casi no se acordaba de cuando dejó de dar amor... cuando aprendió a ser frío e indiferente, individualista y apático;

pero lo que sí recordaba era su gran temor a amar, a sentir aquella manita tan tierna que lo cautivaba y le transmitía calor y vida.

De pronto la niña, como adivinando sus sentimientos, se subió a la banca y le extendió sus brazos, y con voz dulce le dijo:

—*Estoy cansada, pero muy contenta.*

Él abrazó el cuerpecito de la niña. Al sentir el calor de aquel acercamiento, experimentó una extraña y olvidada alegría. El entregar algo de él a cambio de cariño.

La niña se fue quedando dormida, pero antes, con tenue voz, le susurró al oído.

—*¡¡Aprende a dar amor!!*

Él respondió con un suave apretón a ese ser que tanto bien le estaba haciendo.

Despacio se sentó en la banca; empezaba a comprender cuán equivocado había vivido, venían a su mente recuerdos de su comportamiento frío, rígido y prepotente con los seres que lo rodeaban; ahora entendía por qué se mantenían lejos de él y cómo sacrificó el amor de ellos por su falso orgullo y su inseguridad.

Quería tener valor para dejar atrás su actitud de dependencia y su incapacidad de tomar decisiones y lograr de nuevo tener vida propia.

¡Se había acostumbrado a ver las cosas y hechos negativos, a encerrarse en su propio miedo, a rodearse de seres fracasados, a tener pensamientos pesimistas y mediocres, había adoptado una vida rutinaria y cómoda en la cual jamás ambicionó dar el salto hacia nuevas expectativas, opciones ni esperanzas de vida!

En esos momentos brotó una luz de su interior. Sintió despertar una nueva necesidad, la de soñar, de tener aspiraciones, de ser alguien, no quería seguir con esa actitud pasiva y mediocre.

Ahora sentía el palpitar de su corazón acompasado con el de la niña, ¡se sentía vivo!

Sin pensarlo la abrazaba, acariciaba y besaba; era como un estallido de agradecimiento por todo el tiempo perdido, era recuperar el don de amar.

Se maravillaba de esos momentos valiosos, en los que sentía cómo su cuerpo vivía, cómo latía su corazón, ese calor le permitió escuchar a su voz interior y reconocer lo grandioso de su existencia, también comprendió el compromiso tan profundo que tenía con ella.

Fueron momentos en que reconoció su valor, su dignidad, sus potencialidades y decidió dar sentido a su vida.

La niña despertó, se estiró perezosa como un gatito y le dio un beso diciéndole:

—¡Gracias! Tus brazos fuertes y llenos de amor fueron un lugar agradable donde descansar.

Él no supo qué contestar; la niña saltó, se colocó frente a él y lo miró intensamente. La penetrante mirada de sus ojos lo cegó.

—No veo nada, ¿qué pasó...? —preguntó asustado.

Ella, tranquilizándolo, le dijo:

—Confía en mí, es muy importante que te quites la venda de los ojos, los velos que no permiten que entiendas tu realidad. Tu mente esta aún cerrada y la mirada nublada, necesitas aprender de nuevo a ver, a sentir, a querer, a vivir con otra visión de la realidad. Cuando abras los ojos, saldrás de la oscuridad en donde te encuentras y verás claramente la luz, será algo increíble, se ampliará tu conciencia, crecerá tu vitalidad y nutrirás cada célula de tu ser.

Escuchaba la suave voz con los ojos cerrados, no quería perder ni una sola de sus palabras. De pronto se dio cuenta del silencio y lentamente abrió los ojos. Su sonrisa se fue borrando al no ver ante sí la carita morena y sonriente con ojos como luceros de la niña, su "niña de las palomas"

Todo había desaparecido, la niña, las palomas, la fuente que antes era hermosa, ahora era sólo piedra; sin flores, sin agua, todo había perdido su encanto.

Entendió su realidad, ahora era su momento, sintió la necesidad de volver a su familia.

Prometió no volver a la plazuela hasta que hubiera conquistado a su familia, su dignidad, su trabajo.

Su familia se sorprendió al verlo llegar. Por su comportamiento y actitud, era otro hombre el que los acariciaba, compartía sus alegrías, los escuchaba y comprendía. Al abrazarlo, su mujer y sus hijos le preguntaron:

—¿Qué sucedió?

Él, con una sonrisa en los ojos y bondad en su rostro, les contestó:

—Decidí recorrer el "camino del amor..."

Volvió después de un tiempo a la plazuela como lo había prometido, pero ahora con su familia y orgulloso de haber emprendido su propio negocio. En su andar decidido se reflejaba el nuevo hombre, comprometido, con sentido de la vida, pleno de valores, metas y amor. Esperaba volver a ver a la "niña de las palomas", para agradecerle el apoyo, sus palabras, su cariño... decirle que siempre estaba en su mente, que había cumplido lo prometido, que ahora pensaba luchar y esforzarse por ser alguien valioso, lleno de amor a la vida.

Para su desilusión sólo encontró dos palomas que lo recibieron con sus pasos cortos y su inconfundible arrullo.

Cuando se retiraba, algo lo invitó a voltear a su banca y como respuesta encontró un pedazo de aquel pan inconfundible. Emocionado corrió y lo tomó, luego lo compartió con su familia. Después todos empezaron a alimentar a las palomas, que cada vez eran más, pero aquellos pedacitos de pan milagroso no se terminaban. Todos se unieron por el lazo invisible del amor...

Emocionado, con lágrimas en los ojos, volvió a ver la fuente...

Ahora estaba hermosa otra vez, su agua cristalina alegraba con su murmullo el ambiente; las flores de mil colores daban magia al borde de la fuente... y alegría al corazón de aquel hombre nuevo.

Magia maternal

Era un bello lugar, donde la naturaleza se expresaba a través del canto de los pájaros, el correr de los animales, el aleteo de las aves, donde vivía una feliz pareja que trabajaba sin descanso para cultivar su huerto y criar a sus animales.

Ella era una hermosa y bondadosa mujer que amaba profundamente a su esposo. Él era un hombre fuerte, inteligente y cariñoso a quien le gustaba el campo y amaba la naturaleza.

El amor los acompañaba y aun estando solos eran muy felices; contemplaban extasiados la grandeza de la vegetación, el suave viento que mecía las flores silvestres de mil colores, la belleza y armonía que reinaban en el ambiente. Entre los árboles corría alegre un arroyuelo que bajaba de una cañada, sus cristalinas aguas parecían salir de las entrañas de la majestuosa montaña en cuya cima las águilas dominaban los vientos, perdiéndose entre las nubes, gozando el espacio, visitando el cielo.

A veces los dos se acompañaban al pueblo cercano donde sus antepasados habían legado hermosas leyendas en las que decían que las águilas estaban cerca de los dioses y que se comunicaban con ellos; a cambio tenían la responsabilidad de cuidar al hombre de las desgracias y de los malos espíritus. Por

eso habían enseñado a sus descendientes y visitantes a respetarlas y a no entrar en los espacios que las águilas resguardaban con gran celo.

La presencia y relación de las águilas en esos lugares estaba rodeada de misterio, pues algunos decían que eran capaces de grandes hazañas y actos de amor.

Una mañana, mientras ella preparaba la comida, apareció en el umbral de su puerta una encorvada viejecita que por el peso de los años caminaba con dificultad.

Ella, al verla tan sofocada, corrió a ayudarla y le ofreció una silla y un vaso de agua fresca; con esmero la cuidó hasta que la viejecita se recuperó.

Así empezó una estrecha relación de amistad entre las dos mujeres. Ella atenta escuchaba los consejos y enseñanzas y a su vez demostraba su fortaleza, alegría de vivir y su ternura hacia los pequeños detalles.

Un día, antes de irse, la viejecita acarició su cabeza y le preguntó:

—¿Tanto deseas un hijo?

—Ella, sorprendida, contestó:

—¡Con todo mi corazón!

La viejecita acarició el vientre de la joven y con tristeza le dijo:

—¡Sólo tu amor logrará salvarlo!

Sin comprender se quedó pensando; al rato corrió para preguntarle por qué le pronosticaba eso, ¿de quién o de qué tenía que salvarlo?, pero la viejecita había desaparecido.

Tiempo después ella supo que estaba esperando un hijo. Con alegría se lo comunicó a su esposo y juntos dieron gracias al cielo por esa bendición. Llenos de amor empezaron los preparativos para recibirlo. Él añadió un cuarto a la casa y con sus propias manos elaboró una bella cuna. Ella tejió toda la ropa necesaria, pintó el cuarto y vistió con cortinas sus ventanas. Terminada la cuna, entre ambos la adornaron. Cansados pero satisfechos celebraron su éxito.

A pesar de esa inmensa felicidad, ella algunas noches despertó aterrada, veía en sus sueños a una enorme águila que se llevaba entre las garras a su hijo; despertaba con lágrimas en los ojos y varias veces amaneció hincada pidiendo al cielo con fervor que todo fuera sólo un sueño. Ese temor se mantenía fijo en su mente, angustiándola todo el tiempo.

La viejecita no aparecía y la fecha del nacimiento se acercaba. Ella olvidó sus sueños y preparó el lugar para recibir a su hijo. Cuando los dolores empezaron, tomó con fuerza la mano de su esposo y felices recibieron al niño, que nació sano y robusto; sus ojitos parecían dos estrellas de las cuales brotaba para sus padres la más hermosa luz.

El niño creció sano y feliz al lado de su padre, que lo trataba con ternura y dedicación, y al cuidado de su madre. Una mañana ella empezó a escuchar un llamado que de momento no comprendió, sin embargo, sintió la necesidad de ir a la montaña. Pensó que quien la reclamaba era la viejecita, y su esposo la apoyó para que acudiera.

Tomó lo necesario y emprendió el camino hacia la montaña; con esfuerzo logró subir por entre las rocas, el cansancio la doblegaba. En su prisa cayó pesadamente abriéndose la frente y por unos momentos perdió el conocimiento. Para su sorpresa, al despertar descubrió que alguien la había cuidado, porque el dolor de sus rodillas y de su frente había desaparecido.

Empezaba a caminar de nuevo cuando escuchó los afligidos chillidos de un ave. Ella corrió a prestarle auxilio; era un pequeño aguilucho que se encontraba herido. Al verlo tan tenso y asustado lo tomó con cuidado entre sus manos, lo empezó a acariciar y a darle calor con su aliento. Cuando lo sintió un poco más tranquilo lo guardó en su pecho para darle abrigo como un acto instintivo de amor maternal.

Empezó a bajar la montaña ahora con doble cuidado para no lastimar al aguilucho, venciendo el miedo de ser atacada por los lobos y otros animales salvajes que había en esos lugares.

Buscó entre la copa de los árboles el nido del que había caído el aguilucho, o un águila que volara con desesperación en busca de su cría, pero no encontró nada y temía a la noche. Así que caminando entre los árboles sólo esperó un momento para que viniera la madre a reclamarlo. Ella deseaba entregarlo, pero no apareció ningún águila y pensó que lo mejor sería llevarlo consigo a casa.

Al tomar esta decisión recordó la imagen del águila de sus sueños que con energía se remontaba a las alturas llevando entre las garras a su pequeño hijo. Se paralizó de terror, pensó dejar al aguilucho ahí en la montaña, pero al verlo sintió que le era imposible abandonarlo. En su corazón anidaba ya un amor extraño, un sentimiento nuevo de protección hacia ese ser enfermo y débil: la necesidad de salvarlo...

Decidida siguió bajando, desafiando todos los peligros y venciendo sus temores. Abandonando poco a poco su indecisión, su miedo, su angustia, se sintió confortada por la presencia invisible de "alguien" que como una agradable energía la acompañaba.

Al bajar la montaña sintió algo en su corazón, pues en su interior aparecía el temor de que el águila se llevara a su hijo en represalia de que llevaba a la cría en su seno.

Al abrir la puerta de su hogar el temor se desvaneció, a la luz de la vela pudo ver la figura de su esposo abrazando con ternura a su hijo que tranquilo dormía.

Con cuidado sacó de su pecho el águila y empezó a curarla y alimentarla, consciente de que en cualquier momento su madre podría aparecer. Después de un largo rato de no moverse abrió los ojos y con amor la miró. Ella, con esa bondad que surgía de su corazón, le ofreció en su mano de comer. Desde ese día empezó a escuchar los aleteos y chillidos de un águila que se posaba en el techo de la casa y en los árboles cercanos... como fiel guardián, siempre vigilante.

Pasó la primavera y vino el otoño. Una mañana el aguilucho intentaba ya volar, pero aún no era el momento.

En el umbral de la puerta apareció la viejecita, estaba hambrienta. La mujer le ofreció una apetitosa comida y la dulzura de su sonrisa. Después, al terminar, la viejecita les dijo con voz sabia:

> *—Sé que existe una profunda relación de amor y simpatía entre ustedes y esa bella cría, pero es momento de que la entreguen a su madre; esa criatura necesita de su madre y de su ambiente.*

Durante largo rato la viejecita continuó riendo y contando historias y experiencias. Al caer la tarde, la madre tomó en sus brazos al niño y a la pequeña águila que habían jugado hasta cansarse y con amor los besó. La mujer, como todas las noches, les dio la bendición y después, tomándolos en sus brazos, se los ofreció en silencio a Dios para que los protegiera y nunca los separara, aun cuando se encontraran lejos uno del otro. Al regresar de acostar al niño, la ancianita había desaparecido.

Una mañana, al salir el sol, ella tomó entre sus brazos a ese pequeño ser al que había entregado su amor, y con lágrimas en los ojos empezó a subir la montaña. Sentía el dolor de la separación; sin embargo, no se sentía sola, tenía la sensación de que unos ojos la seguían con la esperanza de estrechar en sus alas de nuevo a su cría.

El sol se filtraba entre las ramas de los árboles, iluminándoles el sendero y envolviéndolos con ternura entre sus rayos.

Ella iba despacio, retardando el momento de la separación; a través de los días de estar juntos había amado a aquel ser y ya lo sentía parte de su familia.

Al llegar al lugar donde lo encontró, lo depositó con amor y empezó a alejarse con gran tristeza. Inmediatamente vio una gran sombra y escuchó un fuerte aleteo. Era una majestuosa águila que con cuidado tomaba entre sus garras a su cría y la llevaba hasta lo más alto de un pino para depositarlo en un enorme nido.

Al contemplar aquella escena sintió un presentimiento y casi corriendo empezó a bajar la montaña, deseaba abrazar a su hijo. Llegó rápido a su casa y tomó al niño entre sus brazos rezando y cantando:

—¡Estoy feliz, muy feliz, gracias Dios mío... canta conmigo hijito!

Empezó el invierno. Nunca antes había sido tan crudo, los alimentos escasearon y el marido enfermó, ya no podía salir a cazar ni por leña. Ella hacía todo el trabajo sola; deseaba desesperada que alguien les ayudara, el pueblo estaba muy lejos, la leña se terminaba, el frío y el viento arreciaban y la nieve estaba tan alta que no podría salir por comida, que ya se había terminado.

Una noche más y sería crítica su situación; no quería pensar en el llanto de su hijo por el hambre, ni en que su esposo enfermo no tendría qué comer. Ella no tenía fuerzas suficientes para salir a buscar alimentos, con los caminos bloqueados por la nieve, los ríos congelados y los lobos hambrientos. Era una realidad que morirían de hambre y de frío. Sólo le quedaba rezar. Al hincarse ante una imagen de Cristo vio en sus ojos un brillo. Estuvo mucho tiempo postrada con fe y luego, cansada y hambrienta, se durmió.

A la mañana siguiente decidió salir a buscar ayuda. Preparó todo para que a su esposo y a su hijo no les faltara nada durante su ausencia; les acercó lo poco que quedaba de alimento y agua. Sabía que su viaje sería largo y peligroso. Tenía miedo de los lobos y del río congelado, su temor era que el frío y el cansancio la vencieran. Estaba triste, pero valerosa y dispuesta a encontrar alimento o morir en su riesgosa aventura, pues era la única esperanza de salvarlos.

Decidió salir cuando estuvieran dormidos, ya que si él se despertaba no se lo iba a permitir. Con cautela abrió la puerta y salió sin que la descubrieran, pero para su sorpresa vio una silueta gigantesca que por un momento la paralizó, porque no la distinguía bien. Era ella... el águila... tenía sus enormes alas llenas de nieve y entumidas por el frío y la larga espera.

Se miraron a los ojos maternales y como una ofrenda, el águila abrió sus garras y le ofreció varias presas que había cazado. Era el alimento deseado, era la salvación para su familia.

Al salir de la sorpresa, con llanto en sus ojos tomó lo que para ella era como un tesoro. Al terminar de recoger el alimento llena de alegría, para darle las gracias al águila, dirigió su vista hacia sus ojos. Por un momento las dos se miraron.

En sus corazones reflejaban el agradecimiento y el acto precioso del amor.

El águila con lentitud y belleza emprendió su vuelo hacia la gran montaña... Cuando ella entró en la casa, se arrodilló para dar gracias por aquel milagro que los había salvado. Corrió emocionada a enseñarle el alimento a su esposo.

Todas las tardes, antes de ponerse el sol, el águila depositaba nuevas presas para que aquella familia sobreviviera.

Durante ese crudo invierno ellos daban gracias a Dios por seres como el águila, que con amor limpio están dispuestos a sacrificios y esfuerzos. No se explicaban el misterio, ni la relación que existía entre el águila y la viejecita...

Cuentan que en la primavera apareció un águila joven, majestuosa y bella que desde entonces se posa con confianza en la ventana de la casa para sentir las caricias y comer los alimentos que la mujer le entrega con amor.

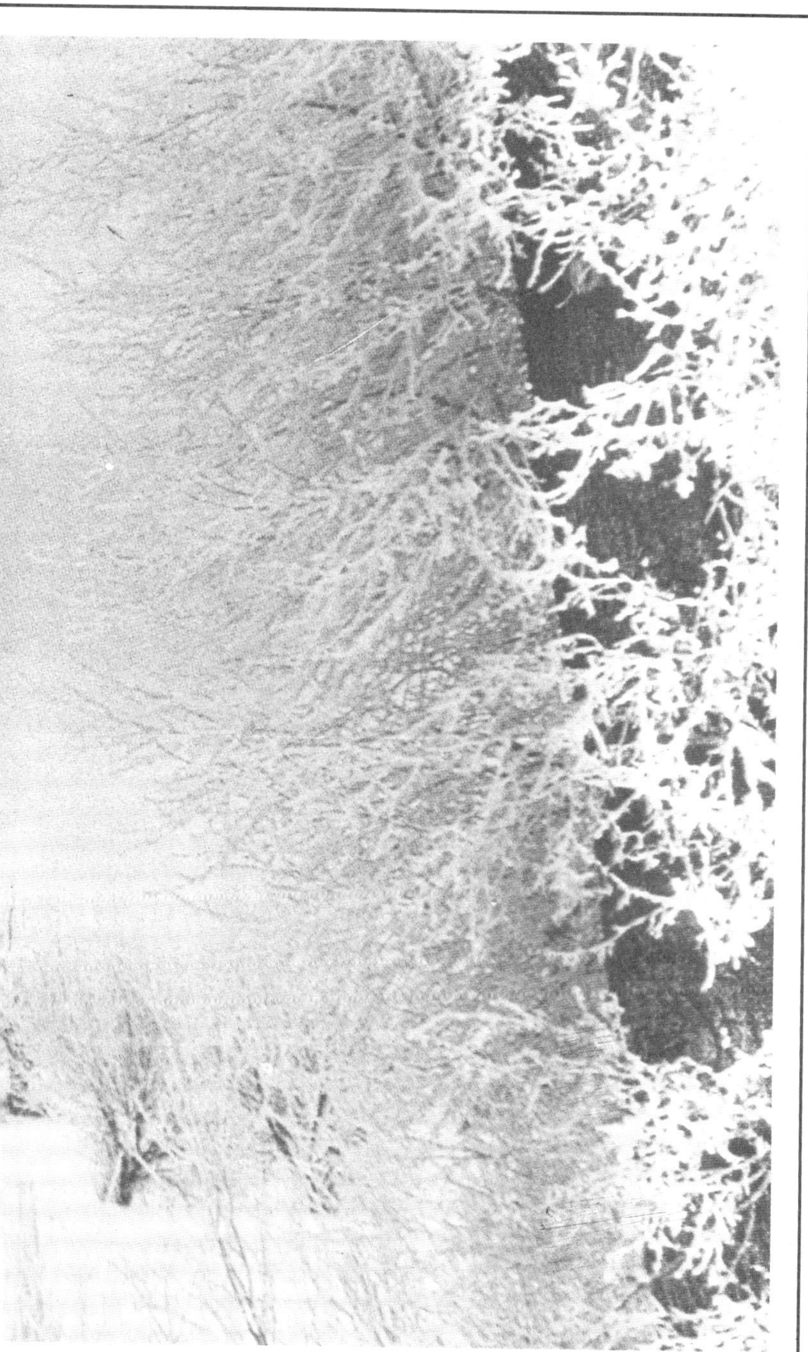

Bondad divina

Ella caminaba sin rumbo, apurada, como tratando de terminar rápido con su existencia... buscaba valor para llevar a cabo su plan... dejar de existir, de pensar... de sentir.

Sentía en su cuerpo un viento helado que calaba hasta los huesos. El sol se ocultaba y aparecía la bruma; la tarde era gris, triste.

Para ella era un mundo cargado de incertidumbre, difícil de entender, que exigía mucho y la confundía. Se sentía incomprendida, vivía en una profunda soledad, un vacío existencial y una total apatía.

No quería recordar, sólo deseaba que su mente le indicara el lugar para terminar con ese coraje... ese odio que sentía en el pecho.

Despreciaba y aborrecía a todos, llevaba tiempo viviendo en un mundo ficticio, fuera de la realidad. Se quejaba de nunca obtener lo que se merecía, nadie la comprendía, todos la odiaban, por eso la molestaban.

Siempre tomó la vida a la ligera, sin responsabilidades, sin esfuerzo, sólo le importaba divertirse, bailar, oír música y ver sus programas favoritos. ¿Para qué estudiar? ¿Para qué trabajar...? Si a nadie le importaba.

Lo había decidido, terminaría con todo, cada día le era más insoportable ese vacío... esa soledad, esa pobreza de espíritu.

El sol desaparecía, y ella aún no encontraba la forma de quitarse la vida. De pronto distrajo su atención un fuerte resplandor que salía de la puerta de una iglesia. Invadida por una fuerza invisible, caminó hacia la intensa luz que brillaba como el sol. Al acercarse la invadió otra vez el calor en su cuerpo y una alegría interior ya olvidada, parecía que su sufrimiento se desvanecía o lo olvidaba.

Sentía que una fuerza invisible la llevaría flotando a un espacio sin sonidos, lleno de luz.

Asombrada, dudó... por un instante pensó que estaba muerta y que entraba en otra vida. Lentamente se tocó el cuerpo y la cara, comprobando así que estaba viva... y con pasos pesados entró.

Un escalofrío recorrió su cuerpo ante lo desconocido. La luz venía de un nicho que envolvía una imagen. Como hipnotizada por esa luz, se dejó caer ante el altar, desconcertada.

La luz lentamente se fue desvaneciendo y apareció una pequeña imagen bellamente tallada, ¡era la imagen de una virgen de piel morena que dibujaba en su rostro una sonrisa!

Algo sucedió en su interior, embelesada por aquella sonrisa de la imagen tan natural y seductora, ella también sonrió. Después de esas sonrisas sintió que algo estaba empezando a suceder en su interior. Estalló en un fuerte llanto, eran lágrimas contenidas por mucho tiempo. No supo cuánto lloró. Al dejar de hacerlo mantuvo sus ojos cerrados. Sabía que al abrirlos tendría que confesar su secreto y las razones por las que había decidido acabar con su vida.

Cuando se cansó de estar en la oscuridad levantó la cabeza. Al abrir sus irritados ojos vio con sorpresa que la imagen estaba abriendo los brazos y tendiendo las manos. Ella se levantó emocionada, y llena de deseos de recibir amor, la sacó del nicho y la rodeó con sus brazos cariñosamente. Hacía tanto tiempo que no podía demostrar su amor a alguien.

Estuvo largo rato abrazada a la imagen, pues no quería separarse de ella. Al escuchar pasos de otras personas, sin pensarlo se la llevó fuera de la iglesia... casi corriendo.

Al llegar a la esquina, de manera inconsciente se escondió y súbitamente cayó en la cuenta de que había hecho algo reprobable. Huyó muy asustada del lugar y se refugió en el sitio más recóndito y oscuro de un parque. Puso la imagen sobre una banca y se sentó en el suelo frente a ella. Se dedicó a contemplarla, a tocarla, a gozar de su sonrisa. Le pareció ver en sus ojos el deseo de decir algo. Entonces miró a su alrededor para asegurarse de que nadie la escuchaba y ya tranquila, como jugando, dijo:

—¡Habla!, ¡habla!, ¡repróchame, castígame!, ¡dime que hago mal! ¡Que lo que pienso hacer está en contra de Dios! ¡Anda...!, ¡dime algo...!

Sus ojos se abrieron sorprendidos cuando la imagen habló con ternura y amor, preguntándole:

—¿Por qué cobardemente rehúyes tu compromiso de vivir y amar?

Después de salir de su asombro, ella contestó:

—Estás equivocada, soy cobarde para morir, pues necesito valor para dejar de sufrir, ya que esta vida no tiene sentido. Me aterra estar sola en este mundo cruel y despiadado. La rutina y el aburrimiento me agobian y a nadie le importo.

La voz de la imagen se volvió a escuchar:

—¡Despierta ese corazón que tienes dentro, abre bien los ojos y goza el sagrado privilegio de estar viva!

Molesta, cambió a la imagen de lugar, la puso en el suelo y ella se subió en la banca. Escuchó el movimiento de unas ramas, sintió la presencia de alguien y volteó. Al comprobar que estaba sola, con voz burlona le dijo a la imagen:

—¡Ahora sí, ese es tu lugar, abajo y no arriba! ¿Sabes?, no necesito de tus sermones, lo que quiero es que me ayudes a salir de este mundo podrido, deshumanizado, carente de valores y de sentido.

Y la voz tranquila le dijo:

—¿Quién perjudicó tanto tu espíritu hija mía...?

Ella guardó silencio. La voz le parecía conocida, no soportaba ese trato, se sentía manipulada, manejada. No aceptaba que nadie le preguntara, ¡nada... nada...!, por eso había huido de su casa. Sus padres sólo la cuestionaban y le pedían participación y buena disposición, pero estaban atrasados, ella luchaba por ser auténtica y no convertirse en una "chica buena".

Y con tono grosero dijo:

—¡Nadie, pero nadie, me dice lo que tengo que hacer...!

Colocó otra vez a la virgen en la banca y se alejó de ahí, enojada, decepcionada.

Huyó a través del parque donde se encontró con diferentes parejas, también vio a un grupo de jóvenes que jugaban y cantaban. Se acercó a ellos para solicitarles ayuda. Al verla y, sin dejar de cantar, un joven a señas la invitó a compartir esos momentos de alegría. Asustada, se paralizó, no sabía qué contestar.

Otro de los jóvenes le gritó:

—*¡Ven... únete a nosotros!*

Ella, por miedo a que descubrieran su secreto... negó con la cabeza, se dio la vuelta y se fue caminando rápido.

Una fina lluvia empezó a caer. Ella sintió que algo en su interior iba a explotar, que de pronto en su alma dormida ahora brotaba angustia, pena y dolor. Su llanto triste y silencioso resbalaba por sus mejillas, el calor de las lágrimas le hacía recordar que su cuerpo estaba vivo.

Empezó a correr... a huir. Mientras la lluvia arreciaba, se detuvo a descansar. Al poner la mano en su cuello se dio cuenta de que algo le faltaba... el collar con el camafeo que representaba la presencia de su madre. ¿Dónde se habría caído? Veía entre la lluvia el rostro de su madre cuando con alegría y amor profundo le había entregado su collar, recuerdo de sus antepasados...

Y recordó cuánto amor había recibido de sus padres y de sus hermanos. En ese momento, una señora que cargaba a un niño en los brazos se cruzó en su camino, su rostro era parecido al de la imagen que ella había robado y abandonado, y se preguntó:

—¿Qué estoy haciendo aquí? ¿Por qué la abandoné...? ¡Qué cobarde he sido!

Sin pensarlo, con un impulso que surgió desde su interior, emprendió casi corriendo el viaje de regreso, preocupada de que algunos extraños se llevaran la imagen de la banca en la que ella la había abandonado, buscando con afán el collar que creaba una relación auténtica con su madre.

Escuchó a los jóvenes aún cantando en la esquina del parque; deseaba invitarlos a que la ayudaran a rescatar a la imagen, pero temía que la delataran.

Terminó corriendo porque sentía que no avanzaba; le angustiaba pensar que robaran la imagen.

En su desesperación no encontraba el lugar, hasta que vio el resplandor de la imagen. Con una explosión de alegría, corrió y se arrodilló, tomando entre sus brazos a la imagen y cubriéndola de besos. Le pidió perdón y lloró. Al sentirla tan fría, trató de darle calor con su cuerpo.

La imagen solicitó:

—¡Tengo frío, mucho frío...!, acércame a tu corazón.

Ella la envolvió en su pañoleta y la acercó más a su pecho. De repente la lluvia comenzó a arreciar con centellas que cruzaban el cielo y corrió a resguardarse en el quicio de una puerta.

Su mente se aclaró, entró de nuevo en contacto con su corazón, descubrió que estaba vacía, que había perdido el amor a sí misma; su concepción y el valor de la vida, el sentido y la dignidad de ser humano.

La lluvia no cesó durante mucho tiempo, pero ella logró, ahí abrazada a la imagen, darse un espacio para intimar y entenderse como auténtico ser humano

Las centellas iluminaban el espacio, dejando sentir el poder divino y la fuerza de la naturaleza. Recordaba a sus padres y a sus hermanos. Le dolía pensar que estaban tristes porque ella los había abandonado. Ella era la hija mayor, esperada con amor e ilusión; nada le faltó, sus padres protectores le dieron tanto cariño que no supo comprenderlo, y su rebeldía, el medio y sus compañeros la absorbieron y confundieron. No estaba preparada para gozar la vida y la libertad. Luchó por mil causas perdidas y dejó de darle valor y sentido a su existencia.

Recordaba con nostalgia los juegos con sus hermanos, cómo habían sido ellos sus compañeros para los deportes y las fiestas, así como los bonitos regalos que recibía cada navidad.

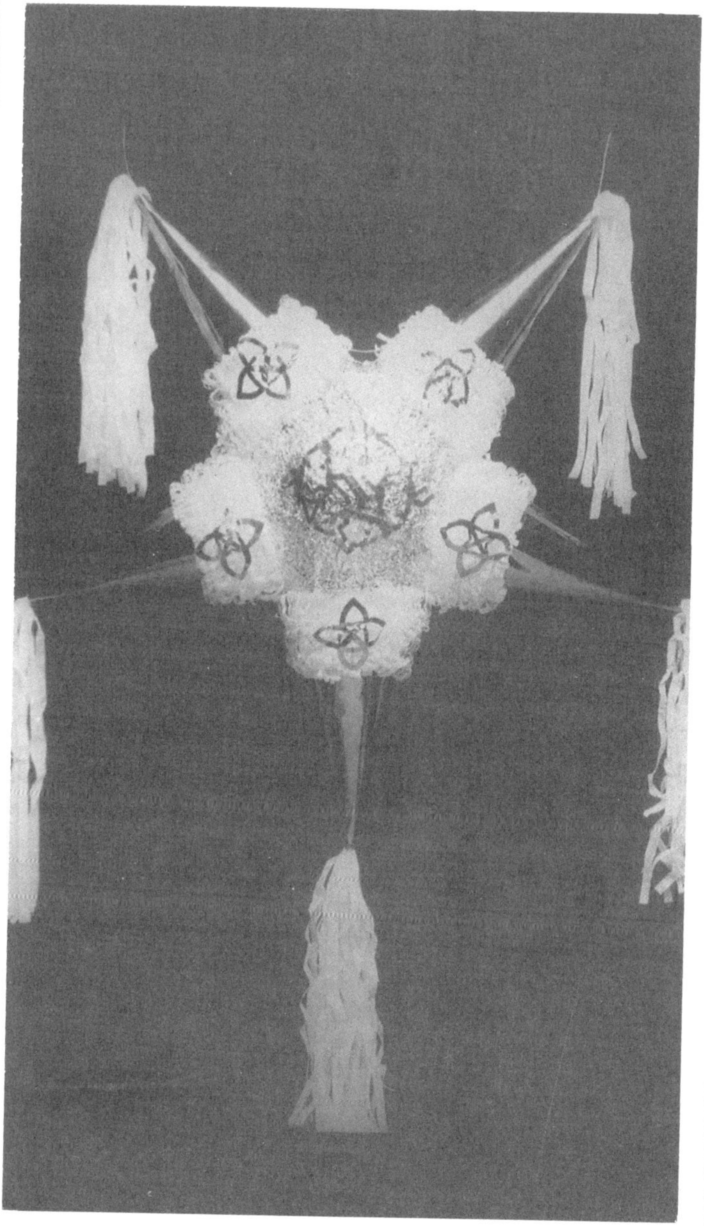

Ella, sin darse cuenta, apoyada por su orgullo, individualismo, la búsqueda estéril de vanidad, y por querer quedar siempre bien con los demás, aprendió a vivir con una máscara y en una constante actuación. Se olvidó de ella, de su familia y amigos, perdió su identidad, se vació de sus valores, olvidó su cultura y sus raíces y se quedó suspendida en la soledad.

Recordó uno de tantos cumpleaños en que su madre estaba a su lado, le enseñaba valores, creencias y costumbres. Los hermosos cuentos que narraba con tal emoción, que cuando había tormenta y todos tenían miedo, se subían a la cama y su madre con ternura los abrazaba. Ella gozaba ese recuerdo. Volvió a escuchar la voz de la imagen:

—¿Por qué has olvidado esos momentos felices, al lado de quien llora por ti?

No contestó, vino a su mente la manera tan grotesca y agresiva como les anunció que iba a quitarse la vida.

Aún oía las palabras que había dicho.

—Ustedes no entienden, no me comprenden; a mí nadie me dice lo que voy a hacer... ¡los odio a todos...!

Tomó sólo su pañoleta, se la amarró al cuello y dijo:

—¡Véanme por última vez...! ¡Ustedes serán los culpables de que me mate...! —y aventó la puerta.

¿Por qué se sentía tan sola? ¿Por qué odiaba a quien la amaba tanto?

Ahora estaba triste y sola. ¿Dónde estaban los amigos en los que creyó, aquellos que juraron lealtad, por los que desobedeció a sus padres, por los que cambió el rumbo de su vida y cayó en el vacío?

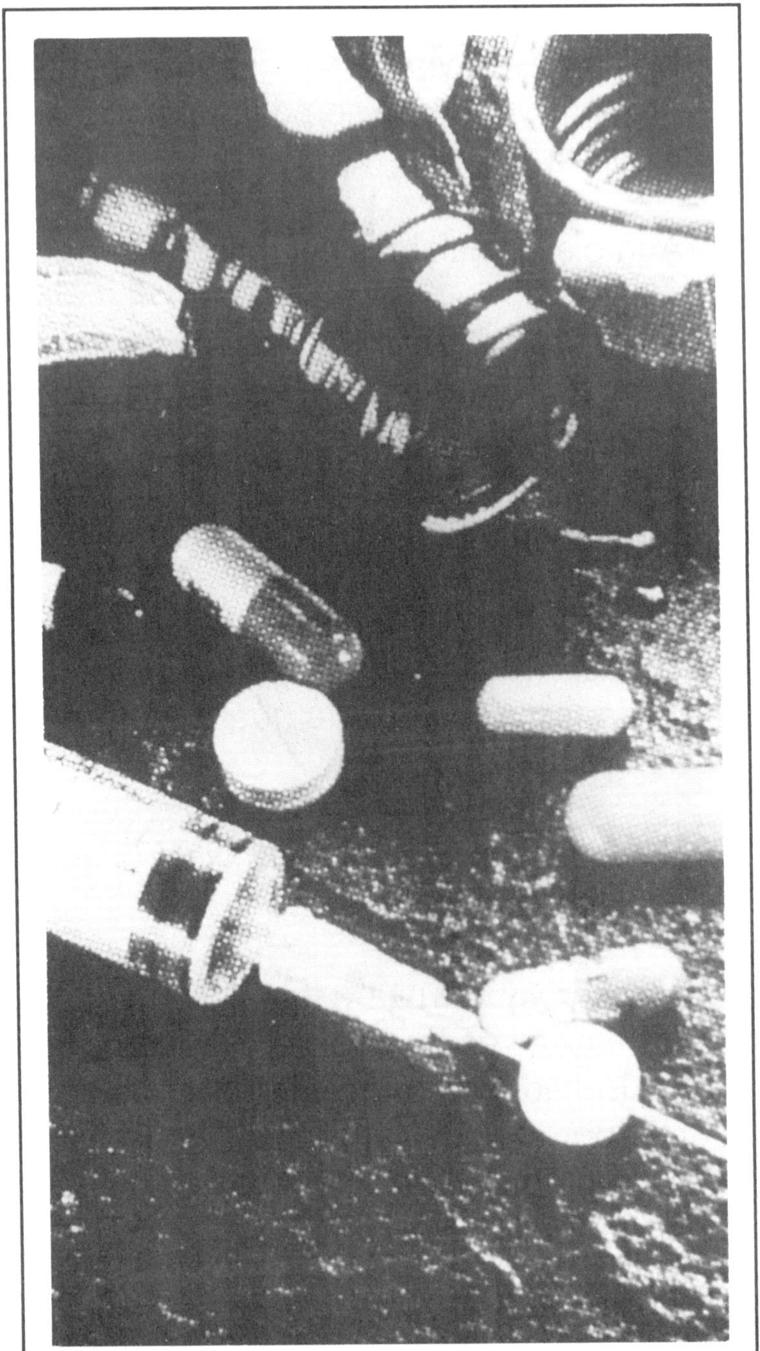

La noche era fría. Ella, ahora por primera vez, no estaba sola, sentía que el calor de la imagen llegaba hasta su corazón.

Ahora comprendía cómo se dejó llevar por el medio, las condiciones, los amigos y compañeros que le ordenaban sutilmente cómo gozar la libertad. Ignorar los valores, caer en el libertinaje y perder el tiempo y el amor a sí misma.

Empezó a llorar, pero ahora era un llanto tranquilo, sin odio ni rencores; estaba arrepentida de haberse perdido en el mar de la irresponsabilidad y la mediocridad...

Sus lágrimas cayeron como un rocío en el rostro de la imagen.

—*¿Estás sola? ¿Quieres que te acompañe?* —escuchó la voz amable de un hombre alto de piel morena.

—No estoy sola, mi madre me acompaña —contestó ella.

El hombre, con voz amable, le anunció:

—Es tarde, aquí corres peligro, hay varios grupos de drogadictos que por una migaja de pan son capaces de todo.

Ella no contestó, abrazó a la imagen y empezó a caminar hacia la iglesia. La lluvia seguía fuerte, toda su ropa estaba mojada. Durante el camino de regreso le contaba a la imagen sus errores, su falso orgullo y falta de valor para comprometerse con su existencia, de sus actos cobardes, y lo que sentía ahora.

Con palabras poéticas expresaba que ya había comprendido que ella era parte del amor divino, que era copartícipe de la creación y que sería digna ante Dios y ante sus seres queridos, pero sobre todo ante los bondadosos ojos de su madre.

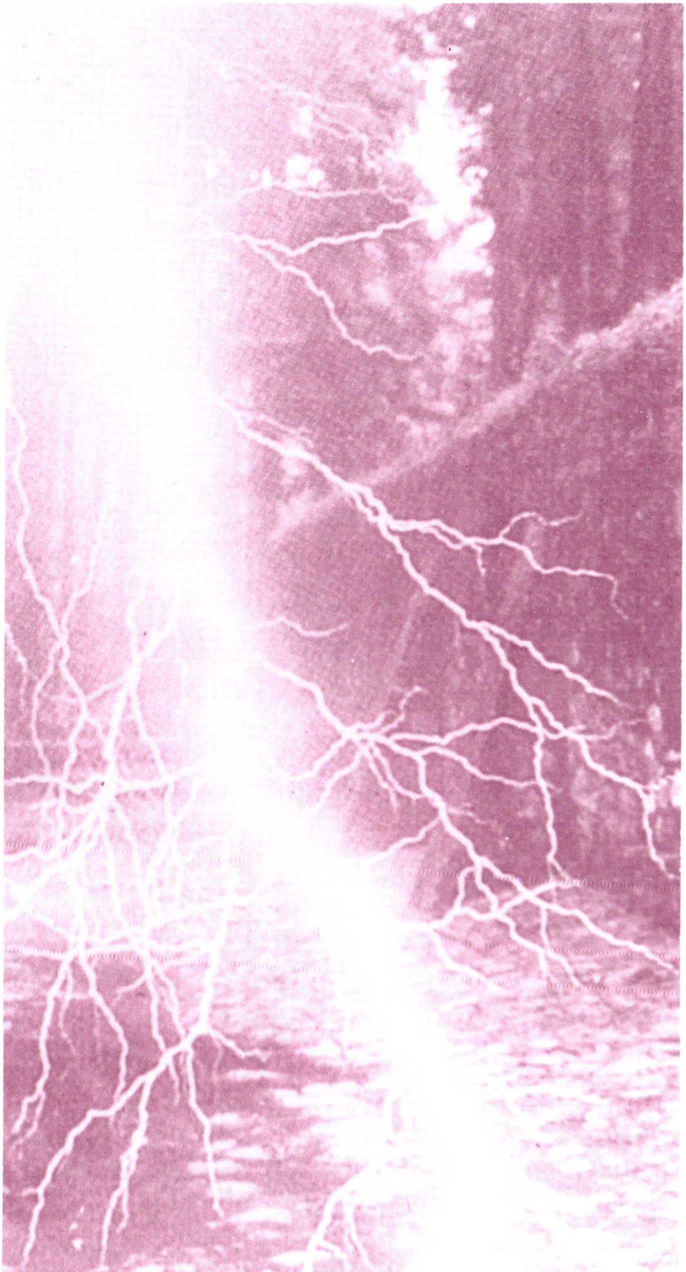

Había renacido en su corazón el amor, y la luz había llegado a su conciencia, permitiéndole volver a nacer... abrir de nuevo los caminos del entendimiento, del compromiso y del amor...

Empezó un bello amanecer... los pájaros saludaban con alegre canto, el viento helado amablemente rozaba sus mejillas.

La iglesia estaba cerrada. Se escondió durante un tiempo entre la gente que esperaba la primera misa. Al abrir la iglesia, el ayudante del sacerdote le sonrió. Ella con seguridad caminó hacia el altar y con mucho cuidado depositó detrás de éste la imagen envuelta en su pañoleta, y con naturalidad, como si trabajara todos los días en la iglesia, empezó a prender las velas, acomodar los reclinatorios y a cambiar las flores.

Cuando comprobó que nadie la veía, sacó la imagen, la besó con ternura y la regresó a su nicho. Entonces con voz amorosa la imagen le dijo:

—*¡Aún tengo frío hija mía!*

Ella la arropó con cariño en su pañoleta y se postró a orar.

Al empezar a rezar cerró sus ojos y comenzó a sentir armonía y paz en su interior. De sus labios se dejaron oír palabras de agradecimiento por devolverle el valor real a su vida, por enseñarle a gozar el sagrado derecho de estar en este mundo, de ocupar un lugar, un espacio, un tiempo y por tener la oportunidad de trascender dignamente.

> *—Gracias, Dios mío por permitir que mi corazón despertara y de nuevo gozara el mundo y a mis semejantes. He vivido la hermosa experiencia de renacer, de hacer una recapitulación de mis errores... de lograr sentir un arrepentimiento profundo.*

Permaneció largo rato recreándose en ese nuevo sentimiento. Se olvidó de su ropa empapada. No quería abrir los ojos, no quería despertar... al hacerlo, en voz baja y desde el fondo de su alma surgieron unas palabras de amor... de agradecimiento:

—¡Gracias! ¡Te amo, amo a la vida... y amo a todos...!

Ella no sabía si lo que había vivido era real o había sido sólo un hermoso sueño. Por un instante dudó, pero al abrir los ojos vio la cara sonriente y amable de la imagen, y se conmovió al ver que aún la cubría su pañoleta.

En un acto instintivo buscó en su cuello el collar. Al ver que no lo tenía, volvieron a brotar lágrimas de alegría... todo había sido realidad, un milagro.

Sintió una amable mano que se posaba en su hombro. Al voltear vio la cara dulce de su madre completamente empapada al igual que ella, quien con ternura y cuidado colocaba de nuevo el collar alrededor de su cuello, y con una voz llena de amor le dijo:

—Lo perdiste en el camino, hija mía.

Ella se levantó conmovida y las dos se abrazaron y se besaron, tratando de recuperar todo el tiempo que habían perdido.

Ella, sin comprender completamente lo sucedido, ni saber quién de las dos la había salvado, fue al altar y se postró ante la imagen, dándole de nuevo las gracias. Luego se levantó y le acomodó a la imagen su pañoleta... por haber sido testigo de su experiencia le dio un beso y tomando la mano de su madre salieron de la iglesia.

Aún llovía, pero no importaba, al contrario, la lluvia ayudaba a disimular el llanto que corría por las mejillas de ambas, y como un bálsamo, iba curando su alma y regresándoles de nuevo la paz interior, el amor a la vida y el anhelo de trascender.

Su madre, silenciosamente, respetando ese momento, le secaba con amor las lágrimas y ella con ternura le dijo:

—*Gracias.*

Su madre, emocionada pasó el brazo por su hombro y la abrazó diciéndole:

—*No llores, todo ha sido una hermosa prueba de la bondad divina..*

LECTURA PARA

toda la familia

ALFONSO LARA CASTILLA

Es el escritor de mayor éxito en México y Latinoamérica con más de 2,000,000 de ejemplares vendidos y uno de los más leídos por la juventud.

Utilizados por padres, maestros y directivos para invitar a hijos, alumnos y empleados a comprometerse individual y socialmente.

Alfonso Lara Castilla es el escritor más leído por la juventud y toda la familia.

Lectura amena, motivante, sencilla, de fácil comprensión y rápida concentración.

A precios accesibles para todo público.

Vuela. . . a tu libertad

Un hombre descubre que su libertad es una cualidad para crecer y ampliar sus posibilidades y oportunidades de vivir y lograr niveles de realización y trascendencia.

Escucha. . . tu espacio interior

Es una invitación para recorrer el Yo interno, donde se encuentra un universo fantástico de matices mágicos en el cual radica la energía que transforma y nos orienta a otros niveles de conciencia.

¡Mujer!. . . Lucha por tu ser

Es sorprendente que Alfonso Lara Castilla, con su capacidad increíble, penetre desde el interior del pensamiento y angustia de la mujer actual en la problemática de la pareja y de la familia.

¡Vuelve maestro... vuelve!

Al maestro. . . al profesional es a quien exhorta Alfonso Lara Castilla a reflexionar sobre el compromiso, la mística, la misión, vocación y la entrega, y a vivir algunas experiencias que lo orienten a actuar como auténtico profesional.

The Quest

Edición didáctica bilingüe

Lectura amena, motivante, sencilla, de fácil comprensión y rápida concentración.

Momento de compromiso

Momento de compromiso es una obra de gran originalidad y de fácil lectura cuyo rico contenido está dirigido a cada uno de nosotros como seres únicos de nuestra sociedad, pero especialmente a los jóvenes, quienes son la fuerza principal para producir el cambio necesario para crear una nueva realidad en nuestro país.

La búsqueda

La búsqueda ha conquistado el gusto de los lectores por el caudal de mensajes positivos que contiene. Es una obra pionera de la literatura motivacional y uno de los éxitos editoriales más rotundos de todos los tiempos.

¡Vive!

Es la experiencia de un hombre que ha caído en un estado de mediocridad y a través de vivir su panteón interior y enfrentarse con la muerte, decide rescatarse como ser humano.

El camino mágico

Un niño y una niña nacen con una misión: convertirse en Guerreros del Arco Iris, y para ello tienen que atravesar un bosque donde se encuentra el CAMINO MÁGICO. Es ahí donde se halla la Esfera de Luz, y los niños que la habitan tienen el poder de iluminar el corazón del mundo, ganando así la medalla al valor.

En su faceta como consultor de empresas y maestro en administración, Alfonso Lara Castilla nos propone este útil y ameno libro técnico motivacional para profesionistas, directivos y para apoyo en escuelas y universidades en diferentes asignaturas.

El Umbral del Milenio

CONTENIDO:

ESTA EDICIÓN SE TERMINÓ DE IMPRIMIR
EL 29 DE MAYO DE 2006 EN
LITOGRÁFICA TAURO, S.A.
ANDRÉS MOLINA ENRÍQUEZ No. 4428
COLONIA VIADUCTO PIEDAD
08200, MÉXICO, D.F.